Fiche **philosophe**

Par Caroline Terrier

Alain

lePetitPhilosophe.fr

ALAIN

- **Né en 1868 à Montagne-au-Perche**
- **Décédé en 1951 au Vésinet**
- **Quelques-unes de ses œuvres :**
  - *Système des beaux-arts* (1920)
  - *Les Idées et les Âges* (1927)
  - *Éléments de philosophie* (1941)

Émile Chartier a écrit au cours de sa vie sous différents pseudonymes (Criton, Philibert, etc.), mais c'est celui d'Alain qui s'est progressivement imposé et que la postérité a retenu.

Alain apparait comme l'un des intellectuels les plus marquants du XXe siècle. Grand défenseur de la liberté, aussi bien au niveau individuel que collectif, il oppose à la passion **une sagesse et une éthique fondées sur la raison**. Par ailleurs, contre les tyrannies, ce radical de gauche défend un **contrôle par le peuple du pouvoir** car, selon lui, ce dernier est par nature corrompu.

Rationaliste et profondément humaniste, Émile Chartier se défie de tout élitisme : toute sa vie il chercha à partager ses réflexions avec un large public. D'abord dans le cadre de sa profession, puisqu'Alain enseigna durant toute sa carrière la philosophie au lycée, mais également à travers sa contribution à différents journaux, puis à la revue *Libres Propos*. Alain invente en effet **un nouveau genre littéraire :**

les propos. Ce sont de courtes réflexions philosophiques sur l'actualité ou sur le quotidien. Il incarne donc, par bien des aspects, la figure de l'intellectuel qui cherche à **éveiller tout homme à une activité autonome de la pensée**.

BIOGRAPHIE

Émile Chartier, dit Alain, nait en 1868 en Normandie, plus précisément à Montagne-au-Perche, dans l'Orne. Après avoir suivi avec enthousiasme les cours du philosophe Jules Lagneau (1851-1894), puis réussi son agrégation de philosophie en 1892, il devient professeur. Il enseigne d'abord dans des lycées de province. Par ailleurs, déjà convaincu de l'importance de partager ses idées avec le plus grand nombre, il contribue à fonder une université populaire à Lorient en 1899. En 1903, il est nommé au lycée Condorcet à Paris, puis, en 1909, au lycée Henry IV. Il y enseigne jusqu'à la fin de sa carrière en 1933. Parallèlement, il donne des cours publics au collège Sévigné.

Les cours d'Alain consistent en des **lectures suivies d'œuvres célèbres**. Il est en effet convaincu que, pour apprendre à penser par soi-même, il faut commencer par comprendre intimement le sens des textes des grands auteurs et, notamment, des écrits philosophiques. Il s'agit de faire sien le mouvement de leur réflexion, sans que des commentaires extérieurs fassent obstacle à l'effort personnel de découverte de l'esprit. Apprendre à penser, c'est donc apprendre à bien lire.

Dans cette perspective, loin de se contenter des textes des **philosophes**, Alain n'hésite pas à mettre également les écrivains à l'honneur, les considérant comme des maitres dans « l'art de penser ». Les ouvrages qu'il publie témoignent de ce double intérêt :

- certains sont consacrés aux philosophes. Alain publie notamment, dans *Idées* (1932), des études sur Platon (vers 427-347 av. J.-C.), René Descartes (1596-1650) et Georg Wilhelm Friedrich Hegel (1770-1831) ;
- d'autres ont pour objet des romanciers et des poètes. Parmi eux, citons *Charmes, poèmes de Paul Valéry commentés par Alain* (1929), *Stendhal* (1935), ou encore *En lisant Dickens* (1945).

Faut-il dès lors s'étonner de compter parmi ses anciens élèves, d'une part, des écrivains tels qu'André Maurois (1885-1967) ou Julien Gracq (1910-2007), d'autre part, des philosophes comme Georges Canguilhem (1904-1995) ou Simone Weil (1909-1943) – qu'il s'agit de ne pas confondre avec la femme politique portant le même nom – ?

PHILOSOPHE ET JOURNALISTE

Dès les années **1890**, Émile Chartier **collabore à un journal fondé par des radicaux de gauche** : *La Dépêche de Lorient*. En 1900, il y fait paraitre la première de ses chroniques signées du pseudonyme Alain. À partir de 1903, ayant quitté Lorient pour Rouen, il écrit de longs articles hebdomadaires intitulés « Propos du Dimanche » puis « Propos du Lundi » dans *La Dépêche de Rouen*.

Mais ce n'est qu'à partir de **1906** qu'il **se met à rédiger ce qu'on peut véritablement appeler des propos** : par la suite, cette nouvelle forme littéraire caractérisera une grande partie de son œuvre. Il s'agit de courts écrits sans rapport explicite les uns avec les autres : ils visent à analyser des situations et des évènements concrets et variés, d'une façon rigoureuse et rationnelle. Les propos ne traitent en effet jamais d'idéologies ou de théories abstraites coupées du réel. Alain **écrit quotidiennement** : il compose ainsi entre 1906 et 1936 quelque **cinq-mille propos**, dont les deux tiers sont publiés dans divers journaux.

La pensée d'Alain ne constitue donc **pas un système présentant une analyse figée, cohérente et totale de la réalité**. Bien au contraire, l'écriture quotidienne permet au philosophe de revenir plusieurs fois sur un même sujet ou une même idée, pour en améliorer l'analyse, mais aussi le style, qui n'est dénué ni d'humour ni de poésie.

Après leur première parution, **de nombreux propos d'Alain ont été réunis dans des recueils classés par thèmes** : *Propos sur l'esthétique* (1923), *Propos sur le bonheur* (1925), *Propos sur l'éducation* (1932), *Propos sur la littérature* (1934), *Propos de politique* (1934), *Propos d'économique* (1934), etc. Cependant, le philosophe **n'a pas écrit que des propos** : il a aussi élaboré des œuvres visant une présentation plus systématique de sa pensée (bien qu'il n'y ait jamais chez lui à proprement parler de système déductif complet) : c'est le cas par exemple du livre ***Les Dieux*** (1934) ou des ***Éléments de philosophie*** (1941). Alain est en effet un auteur prolifique.

UN HOMME ENGAGÉ

Si Alain ne devint jamais un homme politique (il se méfiait du carriérisme et du désir de diriger), il prit cependant intensément part aux **débats publics de son temps** (notamment à travers ses propos) en tant que **radical de gauche**. Il ne faudrait pas laisser notre oreille contemporaine se méprendre sur ce terme : Alain était un libéral, un républicain et un démocrate.

Outre sa **critique radicale du pouvoir**, sa position politique se caractérise par son **anticléricalisme** : il soutient notamment la séparation de l'Église et de l'État (principe adopté par la loi de 1905).

Il a quarante-six ans lorsque la **Première Guerre mondiale** éclate : il s'engage alors volontairement. Il rentre en 1917 blessé à la jambe, mais surtout **marqué par les horreurs qu'il a vues et le mépris des dirigeants pour leurs troupes**. Ainsi, il juge que la guerre est détestable non seulement en raison des maux physiques et des morts atroces qu'elle engendre, mais aussi parce que les passions et le pouvoir enivrent les chefs. Ceux-ci se montrent alors injustes envers leurs subordonnés, tandis que ces derniers, parce qu'ils subissent ce rapport de domination mais aussi leurs propres passions, perdent la liberté qui les rend humains. Si les propos d'avant 1914 appelaient déjà à la paix, après la guerre, le ton des écrits d'Alain **devient résolument pacifiste**. Par la suite, conscient de la montée des tensions politiques dans l'entre-deux-guerres, Alain dénonce le fascisme. En 1934, il cofonde le CVIA (Comité de vigilance des intellectuels antifascistes).

Cependant, à partir des années **1930**, des **problèmes de santé** l'amènent à diminuer peu à peu ses activités. Partiellement immobilisé et physiquement affaibli, notamment des suites d'une attaque cérébrale en 1933, Alain se retire alors progressivement de la vie publique. Il meurt en 1951 au Vésinet, dans les Yvelines.

CONTEXTE PHILOSOPHIQUE

UN INTELLECTUEL RECONNU MAIS CRITIQUÉ

Alain fut **un intellectuel reconnu** en son temps. Malgré ses positions radicales, il jouissait en effet d'un certain crédit et ce jusque dans le gouvernement. On sait par exemple que le ministre de l'Éducation nationale Anatole de Monzie possédait un exemplaire de ses *Propos sur l'éducation* et qu'il assista à son avant-dernier cours en hommage à sa carrière.

Pour autant, Alain ne fut **pas exempt de critiques** : on lui reprocha en particulier certaines de ses positions durant l'entre-deux-guerres. En effet, à cette époque, il se préoccupe surtout des problèmes politiques français et néglige dans ses propos la montée de l'extrême droite dans les autres pays européens. Par ailleurs, son attitude résolument pacifiste l'amène à soutenir Édouard Daladier (1884-1970) lors des accords de Munich en 1938 (accords signés entre la France, la Grande-Bretagne, l'Allemagne et l'Italie dans le but de mettre un terme à la crise germano-tchèque).

UN LECTEUR ATTENTIF DE PLATON ET DESCARTES

Alain fut un lecteur enthousiaste et assidu de **Platon**, à qui il consacre d'ailleurs un livre et une grande partie de ses cours, bien qu'il récuse les sarcasmes de ce dernier contre la démocratie. Comme le philosophe grec, il admet que **pour devenir sage, chacun doit se gouverner soi-même**, c'est-à-dire apprendre à maitriser ses désirs et ses passions.

De Platon, Alain retient également l'idée que **la raison est au fondement de toute justice** :

- la justice que l'on se doit à soi-même en agissant bien, d'une part ;
- celle qui caractérise nos rapports aux autres lorsqu'on se rend bon et utile aux hommes, d'autre part.

Cette place fondamentale qu'il accorde à la raison, Alain la doit aussi à celui dont il dit qu'il fut son maitre : **René Descartes**. À l'instar de la pensée cartésienne, toute la philosophie d'Alain suppose que **la raison et la volonté sont nécessaires pour devenir véritablement homme**. Il faut être capable de faire des choix non seulement réfléchis, mais également persévérants.

Alain retient aussi de la philosophie de Descartes **l'importance du doute**, qui constitue selon lui **l'épreuve individuelle de la puissance et de la liberté de notre pensée**. Il s'agit en effet de l'étape par laquelle l'esprit dépasse les apparences et les opinions pour cheminer vers le vrai.

Enfin, *Les Passions de l'âme* (1649) du philosophe moderne Descartes amènent Alain à l'idée que **l'origine des passions se trouve dans les mouvements du corps**. Cela a de nombreuses implications sur sa théorie esthétique et sur sa philosophie du bonheur, mais, surtout, **cela lui permet de critiquer la conception freudienne de l'inconscient**. L'état du corps et l'imagination suffisent selon lui à expliquer toutes les actions humaines. On peut certes qualifier les changements du corps et de l'imagination d'« inconscients » au sens où l'individu n'en a pas nécessairement conscience, mais non pas au sens que Sigmund Freud (1856-1939) a donné à ce terme. Autrement dit, d'après Alain, l'hypothèse freudienne de l'inconscient est inutile pour expliquer le comportement humain. Davantage encore : elle est dangereuse. En effet, quelle liberté reste-t-il à l'homme si une partie de lui-même pense et agit en deçà de sa conscience ?

BON À SAVOIR

L'hypothèse freudienne de l'inconscient est une théorie élaborée par Freud qui postule l'existence d'une instance de notre vie psychique susceptible de conditionner notre comportement à notre insu. Par exemple, les lapsus et les rêves sont pour Freud des manifestations de notre inconscient.

Cependant, il ne faudrait pas en conclure qu'Alain soit un disciple caricatural du rationalisme cartésien, et qu'il considère la raison comme un instrument infaillible de la découverte de la vérité. Au contraire, de la lecture d'**Emmanuel Kant** (1724-1804), Alain retient l'idée que **la raison a des limites**, qu'elle ne peut pas tout.

DE L'EXPÉRIENCE AUX IDÉES

Si Alain s'est intéressé à ces penseurs de très près (ainsi qu'à quelques autres comme Auguste Comte, Hegel ou Jean-Jacques Rousseau), c'est qu'**ils ont en commun d'être non seulement des rationalistes** (c'est-à-dire qu'ils privilégient la raison pour connaitre le réel), **mais aussi des idéalistes** au sens bien précis qu'Alain donne à cette notion.

Pour Alain, les idéalistes sont des penseurs qui considèrent que **les idées ont une valeur pour elles-mêmes**. Autrement dit, nos idées ne sont pas le pur produit de l'expérience, elles ne se réduisent pas à de simples copies des choses existantes. Pour les idéalistes, il s'agit de chercher au-delà des apparences sensibles la représentation d'un principe organisateur, d'un rapport de dépendance entre les choses, d'une relation entre les faits. De telles idées ne peuvent jamais être rigoureusement prouvées. Ce n'est pas que les théories des idéalistes ne se conforment pas aux résultats de l'expérience, mais plutôt qu'elles dépassent ce que peuvent montrer les expériences (tout du moins les expériences actuelles). Ainsi, en accord avec ce que montre l'expérience, mais sans pour autant se limiter à cela, les idéalistes construisent un ordre général : ils essayent de trouver une règle qui englobe les cas particuliers, cherchent la raison et la cause qui expliquent l'action et le phénomène ou encore proposent un idéal qui régirait le comportement des individus.

Il n'est par conséquent pas étonnant qu'Alain, qui revendiquait des idéaux politiques (la liberté, l'égalité et la justice en premier lieu) et qui, par ailleurs, considérait que c'est la pensée (et donc les idées) qui fait notre humanité, se soit tourné vers ces penseurs pour développer sa propre philosophie.

PENSÉE ET APPORT

LES RAPPORTS ENTRE LA MATIÈRE ET L'ESPRIT

L'importance du corps

Alain s'est beaucoup intéressé aux rapports entre **le corps et l'esprit**. Il considère que ces derniers sont **étroitement unis**, tout comme les deux faces d'une même pièce.

Il constate tout d'abord que **notre corps est sans cesse soumis à des changements** : l'augmentation du rythme cardiaque à l'effort, la digestion, la contraction ou la détente des muscles, la transpiration sous l'effet de la chaleur, etc. Or, selon lui, toutes ces modifications corporelles ont une **influence sur notre état d'esprit**.

Comme nous n'avons guère conscience des changements ayant lieu dans notre corps, nous ne voyons pas qu'ils sont la cause de nos humeurs : tristesse, colère, joie, etc. C'est pourquoi nous imaginons que ces sentiments sont dus à d'autres causes. Mais une telle croyance est erronée d'après Alain. Il est par exemple déraisonnable de croire que la simple pensée d'un tramway manqué explique la grande tristesse qui nous accable parfois après l'évènement. Si la cause de cette tristesse (et, plus généralement, de toute humeur) n'est pas une pensée, c'est qu'elle relève d'un autre ordre : la cause de nos humeurs réside dans notre corps.

Les états du corps et de l'esprit sont donc fortement liés. Or, selon Alain, c'est l'étude de l'imagination qui permet de comprendre le mécanisme spontané de cette union entre le corps et l'esprit.

Le rôle de l'imagination

Pour Alain, **l'imagination, en relayant des états corporels, trouble nos pensées raisonnables**. Cette idée trouve son origine chez Descartes pour qui des phénomènes physiologiques sont à l'origine de certaines des représentations de notre imagination. Ainsi, dans la philosophie d'Alain, l'imagination procède du tumulte du corps et elle est, par conséquent, source d'erreur.

Voici ce qui se passe en nous :

- dans un premier temps, le tumulte du corps nourrit nos humeurs (par exemple, nous ressentons de l'impatience et de l'amertume parce que nous sommes longtemps resté assis à discuter avec un visiteur et que nos jambes se sont engourdies) ;
- ces humeurs s'accompagnent d'un jugement erroné sur la situation (nous imaginons que si nous sommes de mauvaise humeur, c'est parce que notre visiteur est ennuyeux). Ainsi, **l'imagination nous trompe sur la véritable cause de notre humeur (l'état de notre corps) et lui substitue une cause imaginaire**.

Ce processus psychophysiologique peut encore se complexifier. En effet, Alain ajoute que **l'imagination est souvent à l'origine de notre état corporel**. Ainsi, elle n'a pas seulement pour source le tumulte du corps : elle peut également y participer. Par exemple, lorsque nous imaginons qu'une visite va être ennuyeuse, nous nous contractons, manifestant ainsi notre refus d'être attentif à ce que la personne nous dira. Or c'est cette posture corporelle qui produit notre humeur : l'ennui. Mais, lorsque durant la visite nous ressentons cet ennui, nous imaginons que c'est notre visiteur qui en est la cause. Ainsi, là encore, **l'imagination nous leurre : c'est elle qui produit la cause de notre humeur, c'est-à-dire l'état de notre corps, mais elle nous présente une cause extérieure comme responsable de notre état**. L'imagination est donc la source d'une croyance (d'une anticipation des évènements) qui produit non seulement notre humeur mais aussi notre erreur sur la cause de cette humeur.

En somme, l'imagination est source d'erreur et contribue à accroitre le désordre de nos changements corporels (citation 1). Elle crée une situation d'interdépendance entre le jugement et le tumulte du corps : le désordre du corps et l'erreur de l'esprit se nourrissent continuellement l'un de l'autre. C'est pourquoi **Alain critique toute complaisance à l'égard des effets de l'imagination : il convient de les limiter au maximum**.

LE BONHEUR, UNE LUTTE CONTRE LES PASSIONS

Pour être heureux, l'homme doit penser que sa volonté est libre, c'est-à-dire qu'il peut décider (en partie au moins) de son sort (citation 2). Inversement, l'homme qui se croit soumis à un déterminisme absolu est malheureux. Or cette dernière croyance se manifeste notamment chez l'homme passionné.

BON À SAVOIR

Le **déterminisme** désigne une relation nécessaire de cause à effet. Est déterminé ce qui est conditionné, ce qui résulte d'un facteur extérieur. Par exemple, une girouette est déterminée par l'orientation du vent. Par **déterminisme absolu**, on désigne la doctrine philosophique selon laquelle tout dans l'univers (y compris la volonté humaine) est soumis à la nécessité. Il n'existe alors ni hasard, ni liberté.

La passion, une œuvre de l'imagination

Selon Alain, la passion est toujours négative, c'est-à-dire qu'elle est subie.

La passion a son origine dans le tumulte du corps, comme l'humeur, mais **elle constitue une aggravation de l'humeur** :

- l'humeur est une passivité corporelle éphémère qui se présente d'abord à notre esprit comme sensation ;
- la passion relève, elle, de l'exaspération par la pensée de l'humeur que nous subissons. Par exemple, celui qui s'ennuie, s'il s'applique à se prouver sans cesse à lui-même son inconfort, alors qu'il devrait chercher à sourire, se divertir, fait de son humeur une véritable passion.

Ainsi, dans la passion, **l'irritation du corps s'accompagne**

d'une activité de la pensée qui contribue à accroitre la souffrance du sujet. Ainsi, celui qui éprouve la passion de la colère se remémore inlassablement les souvenirs de l'offense qu'il a subie et, par conséquent, loin de s'apaiser, il ajoute de l'irritation à l'irritation. De même, le jaloux souffre continuellement parce qu'il s'imagine sans cesse que la personne qu'il aime le trompe. Le passionné concourt donc à son malheur. Son imagination l'amène non seulement à se faire des illusions sur la cause de sa souffrance (qui est en réalité d'origine corporelle), mais également à exaspérer encore cette souffrance en pensant sans cesse à sa cause imaginaire (dans le cas du jaloux, la tromperie).

En ce sens, la passion se caractérise chez Alain par une continuité entre l'irritation corporelle et celle touchant l'esprit :

- **en réponse à la tension physiologique, l'imagination oriente nos pensées : celles-ci tendent alors à se fixer sur la cause imaginaire de notre passion ;**
- **à son tour, notre esprit irrité suscite une réaction physique : nos pensées récurrentes concernant la cause imaginaire de notre passion amène notre corps à se contracter toujours davantage** (citation 3).

La volonté et l'action, les clés du bonheur

Ainsi, **dans la passion, l'imagination domine la raison** et, par conséquent, les jugements sont fallacieux. Ce ne sont donc pas directement les pensées du passionné qui peuvent le délivrer de sa passion, mais bien l'action :

- lorsque nous agissons, nous imposons à notre corps des

changements positifs. Par exemple, l'homme de société cesse de se contracter (parce que son foie est douloureux) lorsqu'il s'oblige à inviter son hôtesse à danser (car, de la sorte, il détend son corps). De même, il se détend lorsqu'il sourit à quelqu'un, lorsqu'il converse, etc. En somme, **la politesse permet de s'opposer aux passions** ;

- parce qu'elle implique également une maitrise du corps, **la gymnastique permet elle aussi de lutter contre les passions** ;

- une autre façon de lutter contre la passion consiste à se forger volontairement une humeur à partir de pensées heureuses. Contre la passivité de la passion, il s'agit donc de rendre son esprit actif en l'emplissant de joie afin de lui permettre de surmonter les impulsions corporelles. Pour cela, **il faut vouloir trouver des sources de joie dans le monde** : une conversation avec des amis, des lectures, la contemplation d'œuvres d'art, etc.

Afin d'agir adéquatement, sans se laisser aller à l'exaspération, **l'individu doit prendre conscience du fait que son corps est la véritable cause de sa passion**. Les ouvrages d'Alain peuvent le guider sur cette voie de la raison. Cependant ils ne suffisent pas : la volonté de chacun est requise pour échapper à la passion.

En somme, l'action est, chez Alain, un mouvement voulu par l'agent qui a son origine dans la raison. **Il faut vouloir être heureux** : attendre qu'une situation extérieure nous apporte le bonheur, c'est se condamner au malheur. Notre bonheur est toujours notre œuvre : il est l'expérience de notre capacité à nous gouverner nous-mêmes.

Selon Alain, **l'art peut apaiser nos changements d'humeur** :

- pour le spectateur de l'œuvre d'art, le désordre des changements corporels peut s'apaiser s'il perçoit de l'ordre à l'extérieur de lui (dans un tableau, une musique ou l'architecture d'un bâtiment par exemple). Cet ordre extérieur lui permet en quelque sorte de tempérer son tumulte intérieur ;
- pour l'artiste, l'action de créer implique un dépassement du désordre de son état corporel. L'action bien faite (par exemple peindre) nécessite en effet une certaine harmonie du corps (muscles, tendons, etc.).

Le spectateur

L'action humaine fait naitre de l'ordre dans le monde : nous transformons la nature sauvage et la matière brute. **Nos créations** montrent donc l'effet de notre volonté contre la résistance de la matière : elles **manifestent aux yeux de celui qui les contemple l'ordre que nous imposons au monde**. Cet ordre parait au spectateur d'autant plus puissant et immuable que la matière est résistante.

Or cet ordre, pour Alain, donne une dimension esthétique à une œuvre. Une sculpture en marbre peut ainsi être une belle œuvre : elle incarne un ordre durable, par conséquent **sa vue apaise le spectateur**. L'existence de cet ordre, qui est un critère du beau de l'œuvre, peut être perçue de façon universelle. Pour autant, chacun peut avoir une interprétation personnelle d'une œuvre. Les œuvres d'art sont donc à la fois singulières et universelles.

L'artiste

C'est l'action qui fait l'artiste. Celui-ci ne se laisse pas aller aux rêveries stériles auxquelles l'imagination pousse. En effet, pour Alain, **seul le travail permet d'inventer**. L'artiste, avant d'être un individu inspiré, est donc d'abord un être qui se confronte à la matière.

Ainsi, **l'artiste est plus attentif à la matière qu'il travaille qu'à son propre tumulte intérieur** (ses humeurs et ses passions). En effet, **la résistance de la matière l'oblige à se concentrer dessus et à inventer en agissant**. Par exemple, l'aquarelliste doit à chaque coup de pinceau observer la façon dont sa peinture pénètre le papier en fonction de sa dilution et peindre en conséquence ; le sculpteur doit sans cesse observer les nouvelles veines du marbre que son travail de taille met à jour et repérer celles qui laissent présager des risques de casse, etc. Tout artiste est confronté à la résistance de la matière. En travaillant, l'artiste observe donc sans cesse le matériau et laisse celui-ci le guider pour réaliser son œuvre. Par conséquent, **le projet de l'œuvre d'art ne précède jamais sa réalisation**. Au contraire, l'idée vient à l'artiste à mesure qu'il travaille (citation 4).

L'artiste a bien entendu une idée générale de ce qu'il veut faire avant de commencer (par exemple une œuvre à la gloire d'un héros), mais cette idée est commune au bon et au mauvais artiste. Seul celui qui a du génie est capable, lorsqu'il s'arrête au cours de sa création pour regarder l'œuvre inachevée, d'y percevoir de la beauté. En effet, **le génie de l'artiste réside dans son attention continue à l'acte de création et dans sa capacité à découvrir la beauté dans ce qu'il est en train de faire, à s'étonner de celle-ci et à poursuivre, à partir de ce constat, son œuvre adéquatement**. Une belle œuvre d'art est donc toujours une innovation inattendue : même l'artiste ne pouvait prévoir sa forme finale avant de la réaliser. Elle résulte de ce que le génie de l'artiste a fait de la résistance imprévisible de la matière.

Ceci a quatre implications :

- ce qui distingue l'artiste de l'artisan, c'est que ce dernier a une idée bien définie avant de créer (par exemple, il conçoit le plan précis de la pièce de métal qu'il doit produire). Ce n'est pas le cas de l'artiste ;
- l'artiste n'est pas un contemplatif, un pur rêveur. C'est quelqu'un qui agit et invente dans l'action ;
- nulle copie ne peut être considérée comme une œuvre d'art, car une copie n'est pas produite par l'action créatrice propre au génie de l'artiste ;
- pour créer une œuvre d'art, l'inspiration ne suffit guère. En effet, celle-ci dépend de l'imagination qui s'enracine dans les changements du corps. Or ces changements sont communs, alors que la création nécessite de l'originalité, de l'inattendu, de l'imprévisible (même pour l'artiste). Les passions peuvent donc être à l'origine des œuvres d'art si l'artiste parvient à les soumettre à une imagination réglée qui se confronte aux hasards de la résistance de la matière.

Penser, c'est refuser d'être un esprit au repos

Contrairement à l'opinion courante, Alain pense que la sagesse ne réside pas dans la possession définitive et figée du vrai : **c'est du mouvement même de notre esprit que procède le vrai**. En effet, le vrai est continuellement à découvrir. Penser, c'est donc penser librement, c'est-à-dire refuser d'en rester aux croyances, être capable de douter, chercher sans cesse le vrai. Par conséquent, les techniciens qui croient que l'idée la plus récente (par exemple la dernière théorie évolutionniste) est l'idée vraie se trompent, même si cette idée est très satisfaisante pour décrire et/ou maitriser des objets du réel.

Pour s'approcher du vrai, il faut comprendre comment et pourquoi une idée a émergé. Plus précisément, **penser c'est considérer, en soi et à travers les époques, les racines et les étapes par lesquelles l'idée que l'on a actuellement s'est constituée** : il faut considérer la question qui en a été à l'origine et les conceptions qui lui ont répondu, l'ont modifiée, l'insuffisance de chaque nouvelle proposition qui a conduit à l'émergence d'une autre idée. Par conséquent, une idée qu'on tiendrait pour définitivement acquise serait fausse parce qu'elle ne serait plus comprise dans ce mouvement de l'esprit vers le vrai.

Ainsi, penser c'est d'abord faire l'effort de ce mouvement à travers les idées afin de **découvrir le vrai de toutes les idées, c'est-à-dire ce qui en elles tend à l'universel**. En effet, la réflexion ne peut faire l'économie des idées universelles : une idée universelle est pour Alain une idée en laquelle l'humain peut percevoir un chemin assuré qui lui permette de la comprendre. L'idée de cercle, par exemple, est une idée universelle : il y a un chemin grâce auquel tout humain peut s'en faire une idée correcte. Autrement dit, une idée universelle est une idée claire et nécessaire pour tout homme qui comprend : il en connait les raisons.

Cependant, parvenir au vrai ne consiste pas seulement à considérer le mouvement de la pensée à travers les idées, pour saisir l'universel. En effet, **les idées n'ont de sens que parce qu'elles nous permettent de comprendre le monde dans sa singularité**, c'est-à-dire dans sa spécificité. Autrement dit, les idées (universelles ou non) sont des outils de notre esprit, des constructions qu'il a élaborées afin de saisir les choses et les situations concrètes. L'idée universelle d'ellipse, par exemple, permet d'approcher l'orbite des planètes, bien qu'imparfaitement. Toute la difficulté d'un progrès vers le vrai est donc de connaitre la singularité du monde (<u>citation 5</u>).

Penser, c'est dépasser les apparences du monde afin de mieux les comprendre

Notre première expérience est celle des idées et non des objets. Nouveau-nés, nous manifestons par nos cris nos sensations agréables ou désagréables (par exemple la faim) à notre mère. Dès le début de notre existence, nous essayons donc des signes du langage au sens large (les pleurs, les grimaces, etc.) et considérons ceux qui sont efficaces : c'est ainsi que nous parvenons aux idées. Apprendre à penser, c'est apprendre à communiquer avec les autres, c'est-à-dire à trouver les idées (et les signes langagiers qui leur sont liés) qui permettent de s'accorder avec autrui.

Ceci a deux implications :

- **bien penser**, c'est s'accorder avec les hommes les plus éminents, **comprendre ceux dont la pensée a été estimée durant des siècles**, preuve que cette pensée comporte des idées universelles. C'est pourquoi, l'éducation consiste pour Alain dans la lecture des grands auteurs du passé. C'est ainsi qu'on apprend à penser ;
- nous ne connaissons donc les choses du monde qu'à travers les signes humains qui nous permettent de les penser. L'expérience des objets est toujours seconde par rapport aux idées. Ceci implique que **notre perception des objets comporte toujours un jugement (c'est-à-dire des idées) : l'objet n'est jamais seulement senti, il est en même temps pensé**. Par exemple, lorsque nous regardons l'horizon, nous savons qu'il est loin. Mais cette connaissance ne vient pas de notre sensation : nous ne le *voyons pas* loin. Cette connaissance provient donc d'une opération de notre esprit qu'on ne peut réduire à la sensation. Nous *évaluons* la distance à laquelle se situe l'horizon grâce à sa couleur, à la petitesse des éléments que nous y percevons, à la confusion des détails, etc. Il y a là un jugement dont nous n'avons guère conscience. **Le jugement constitue donc la forme même de tous les objets que nous percevons**. Or, si nous voulons comprendre le monde, il faut veiller à sa justesse.

Une critique radicale du pouvoir

Alain s'est intéressé de près à la politique, en témoignent ses multiples engagements. Selon lui, **les hommes aiment tous le pouvoir** car ils détestent la sensation de subir une nécessité. Le problème que rencontre tout régime politique, c'est que **le pouvoir enivre et, par conséquent, corrompt** : le chef oublie ses idées au profit de la jouissance de sa propre puissance. Certes, ce sont le plus souvent les méchants et les ambitieux qui accèdent au pouvoir, mais, même si on mettait un homme sage et juste à leur place, cela ne changerait rien. Celui-ci deviendrait un tyran comme les autres : avide, désirant l'obéissance absolue et l'admiration de ses sujets, jaloux de sa propre puissance, c'est-à-dire, en fait, gouverné par ses passions. **La fonction de chef tend à rendre tout homme tyrannique** (citation 6).

Faut-il donc supprimer tout État et promouvoir l'anarchie ?

Le devoir de vigilance

Alain n'est pas un anarchiste. Selon lui, **l'ordre est nécessaire afin que la vie sociale ne soit pas soumise aux mouvements inhumains de la foule**. La société peut en effet se comporter comme un grand corps soumis à des passions : au sein d'une foule, on peut être transporté avec et par les autres par l'enthousiasme (comme c'est le cas après un match sportif), le délire révolutionnaire, le fanatisme religieux, un mouvement de panique, la haine contre un bouc émissaire, etc. Ces comportements n'obéissent à aucun principe de justice. En effet, ici, ce n'est plus l'individu qui pense et agit : il se soumet à l'arbitraire d'une assemblée humaine en faisant corps avec elle. C'est pourquoi les débordements du corps social peuvent s'avérer particulièrement tragiques. Il faut donc envisager une démocratie qui possède une force (une police) lui permettant d'ordonner le corps social. Cette force doit être dirigée : il faut donc un chef.

Mais **pour échapper au caractère tyrannique inhérent à tout pouvoir, le citoyen doit à la fois obéir et critiquer le pouvoir**. Plus précisément, Alain promeut une démocratie dans laquelle chaque citoyen exerce un devoir de vigilance envers le chef, afin que celui-ci ne devienne pas un tyran. Puisque l'ordre de l'État doit être maintenu, les citoyens lui doivent obéissance, mais, puisque tout chef peut devenir un tyran si on ne lui oppose pas une résistance systématique, les citoyens doivent se garder de respecter et d'admirer leurs chefs (citation 7).

Alain est donc, politiquement, un libéral. Si, pour lui, l'ordre est nécessaire à la liberté, il faut cependant rester vigilant et ne pas en faire une fin : **l'ordre n'est qu'un moyen de la liberté**.

Alain s'est intéressé aux rapports entre le corps et l'esprit. Selon lui, nos humeurs s'expliquent par les changements de notre corps. Cependant, **l'imagination** nous trompe sur les véritables causes de nos humeurs et conduit ainsi au désordre de l'esprit. Pire encore, parce qu'elle a pour effet une interdépendance entre le tumulte du corps et le trouble de l'esprit, l'imagination est **la source des passions**. Il convient donc de s'en méfier.

Le bonheur implique notamment de **résister aux passions**. Pour cela, il faut faire preuve de volonté et **se tourner vers l'action** (lorsque nous agissons, nous imposons des changements positifs à notre corps). Il faut donc œuvrer pour son propre bonheur : il s'agit de donner de l'importance à la gymnastique et à la politesse, mais aussi de vouloir profiter des joies que nous offre le monde.

L'art est également source de bonheur car il **apaise notre tumulte intérieur**. Ceci est vrai non seulement pour le spectateur qui, en percevant un ordre dans l'œuvre d'art, tempère ses humeurs, mais aussi pour l'artiste qui, en se montrant attentif à la matière qu'il travaille, cesse de se préoccuper de son état d'esprit.

En ce qui concerne la connaissance, Alain refuse une conception figée et définitive du vrai : selon lui, **c'est du mouvement même de notre esprit que doit procéder le vrai**. À titre individuel, chacun doit donc faire l'effort de penser, c'est-à-dire être sans cesse à la recherche du vrai, s'opposant ainsi notamment aux effets de l'imagination. C'est cette activité qui fait de nous de véritables hommes.

Enfin, Alain se livre à une **critique radicale du pouvoir**, estimant que la fonction de chef tend à rendre tout homme tyrannique. Les citoyens se doivent par conséquent d'exercer une surveillance continue sur le pouvoir politique. Contre une opinion paresseuse et fataliste, Alain considère donc la citoyenneté comme un effort qui ne se limite pas à élire des représentants puis à attendre placidement la prochaine élection en se contentant d'espérer que le gouvernement agira pour le bien de tous.

Votre avis nous intéresse !
Laissez un commentaire sur le site de votre librairie en ligne
et partagez vos coups de cœur sur les réseaux sociaux !

POUR ALLER PLUS LOIN

- ALAIN, *Éléments de philosophie* (1941), Paris, Gallimard, 1990.
- ALAIN, *Les Arts et les Dieux* (1958), Paris, Gallimard, 2002.
- ALAIN, *Les Passions et la Sagesse* (1960), Paris, Gallimard, 2003.
- ALAIN, *Propos I* (1956), Paris, Gallimard, 1997.
- ALAIN, *Propos II* (1970), Paris, Gallimard, 2003.
- GORGES (Pascal), *La Pensée d'Alain*, Paris, Bordas, 1957.
- JACOMINO (Baptiste), *Alain*, Paris, Ellipses, 2010.
- LETERRE (Thierry), *Alain, le premier intellectuel*, Paris, Stock, 2006.
- LETERRE (Thierry), *La Raison politique, Alain et la démocratie*, Paris, PUF, 2000.
- REBOUL (Olivier), *L'Homme et ses passions d'après Alain*, Paris, PUF, 1968.

TESTEZ VOS CONNAISSANCES !

ASSOCIEZ CHAQUE CITATION À L'EXPLICATION QUI LUI CORRESPOND.

Citation 1 : « Si l'on entend ce mot selon l'usage, l'imagination n'est pas seulement, ni même principalement, un pouvoir contemplatif de l'esprit, mais surtout l'erreur et le désordre entrant dans l'esprit en même temps que le tumulte du corps. » (« Système des beaux-arts », in *Les Arts et les Dieux*, Paris, Gallimard, 2002, p. 222)

Citation 2 : « L'homme s'ennuie du plaisir reçu et préfère de bien loin le plaisir conquis ; mais par-dessus tout il aime agir et conquérir ; il n'aime point pâtir ni subir, aussi choisit-il la peine avec l'action plutôt que le plaisir sans l'action. » (*Propos sur le bonheur*, Paris, Gallimard, 1928, propos 44)

Citation 3 : « En réalité, les motifs que l'on a d'être heureux ou malheureux sont sans poids ; tout dépend de notre corps. » (*Propos sur le bonheur*, Paris, Gallimard, 1928, propos 4)

Citation 4 : « Ainsi l'artiste observateur décide par l'action inspirée, afin de percevoir quelque chose. En sorte que son modèle c'est d'abord l'objet et ensuite l'œuvre. » (« Système des beaux-arts », in *Les Arts et les Dieux*, Paris, Gallimard, 2002, p. 238)

Citation 5 : « Aller vers les choses, par les idées ; c'est ce progrès qui est le vrai. » (« Humanités », in *Les Passions et la*

Sagesse, Paris, Gallimard, 2002, p. 315)

Citation 6 : « Au fond je suis assuré que tout chef sera un détestable tyran si on le laisse faire. Pourquoi j'en suis assuré ?
Parce que je sais très bien ce que je ferais si j'étais général ou
dictateur. » (*Propos sur les pouvoirs*, Paris, Gallimard, 1985,
propos 4)

Citation 7 : « Résistance et obéissance, voilà les deux
vertus du citoyen. Par l'obéissance il assure l'ordre ; par la
résistance il assure la liberté. » (*Propos sur les pouvoirs*, Paris,
Gallimard, 1985, propos 57)

Explication a : nos humeurs et nos passions dépendent notamment de notre état physique, même si nous imaginons
que la cause en est ailleurs.

Explication b : c'est l'action qui fait l'artiste et non la seule
inspiration. C'est en effet en œuvrant que l'artiste découvre
progressivement, par sa confrontation avec la résistance de
la matière, ce que sera son œuvre.

Explication c : le vrai n'est jamais dans une idée figée, il est
dans le mouvement même de la pensée qui comprend.

Explication d : la pensée ne se réduit pas à découvrir des
idées, il faut aussi que ces idées nous servent à comprendre
les êtres et les objets du monde dans leur singularité.

Explication e : même le meilleur des hommes peut devenir
un tyran car, au fond, tout homme aime la puissance et peut
donc se laisser corrompre par le pouvoir.

Explication f : la passion trouve son origine dans le tumulte du corps, tout comme l'humeur, mais elle constitue une aggravation de l'humeur : l'irritation du corps s'accompagne d'une activité de la pensée qui aggrave la souffrance.

Explication g : le citoyen doit d'une part contrôler le pouvoir afin qu'il ne devienne pas tyrannique et, d'autre part, obéir afin que se maintienne l'ordre qui empêche les hommes assemblés de commettre des injustices.

Explication h : l'imagination participe de nos humeurs et de nos passions (qui sont inséparables des changements corporels) notamment en produisant des perceptions fausses, plus précisément des jugements erronées au sein de la perception.

Explication i : les hommes aiment sentir qu'ils échappent au déterminisme absolu, c'est-à-dire qu'ils ont le pouvoir de choisir et d'agir comme ils le veulent. Le bonheur résulte donc de l'action qu'on a soi-même choisi.

Explication j : nous connaissons les idées et les signes auxquels elles se rapportent avant de connaitre les objets du monde.

Rendez-vous sur lepetitphilosophe.fr et découvrez :

Plus de 1200 analyses
Claires et synthétiques
Téléchargeables en 30 secondes
À imprimer chez soi

www.lepetitphilosophe.fr

ISBN version numérique : 978-2-8062-4921-0
ISBN version papier : 978-2-8080-0100-7
Dépôt légal : D/2017/12603/484

Conception numérique : Primento,
le partenaire numérique des éditeurs.